Tolerancia

Tolerancia
Serie Vida Sexual con Valores
Grado 2

Rocío Cartagena Garcés

www.librosenred.com

Dirección General: Marcelo Perazolo
Ilustraciones: Victoria Vidal y Gricelio Martin
Diseño de cubierta: Laura Gissi

Está prohibida la reproducción total o parcial de este libro, su tratamiento informático, la transmisión de cualquier forma o de cualquier medio, ya sea electrónico, mecánico, por fotocopia, registro u otros métodos, sin el permiso previo escrito de los titulares del Copyright.

Primera edición en español - Impresión bajo demanda

© LibrosEnRed, 2021
Una marca registrada de Amertown International S.A.

ISBN: 978-1-62915-463-3

Para encargar más copias de este libro o conocer otros libros de esta colección visite www.librosenred.com

Naces de la sexualidad, creces y te desarrollas por la energía vital que de ella tomas; su fuerza creadora te conduce más allá de donde te es posible esparcir tus semillas y ser responsable por ellas; y mueres, cuando esa energía vital trasciende y abandona tu cuerpo.

Requerimientos para iniciar este taller

Queridos alumnos y apreciados padres del grado 2:

Felicitaciones sinceras si tuvieron la afortunada experiencia de confrontar algunas de sus naturales curiosidades infantiles con la propuesta desarrollada para tal fin en los talleres desde grado 0 hasta grado 5 de esta serie "Vida Sexual con Valores", que idealmente debieron entender.

Debió ser una experiencia afortunada en el sentido de haber sido oportuna para el momento que viven y también por haberles entregado mensajes y respuestas que corresponden a algunas de las inquietudes propias de su evolución personal y edad. El conocimiento y valoración de la vida sexual humana, como prodigio sin igual en la naturaleza en tanto constituye el origen de la vida misma, debe iniciarse a la par con las curiosidades infantiles y sobre la base de conocer y valorar el cuerpo como centro de ella. Para aprovechar y usar bien su cuerpo, herencia de lo sexual que comunica la vida valiéndose de los procesos de crecimiento, desarrollo, maduración y reproducción, deben saber quiénes son, de dónde vienen y su razón de ser en el mundo. Es decir, deben descubrir el propósito por el cual cada uno de ustedes fue llamado a vivir en este planeta y asumirlo como la misión a cumplir para encontrarle sentido a su existencia.

Dado que existe la posibilidad de que haya alumnos y alumnas vinculándose a la institución escolar sin haber cumplido una o varias etapas de este proceso orientador, esta sección contiene la lista de los cinco aspectos o temas esenciales de cada grado anterior, a efectos de pactar entre docente y familia su refuerzo y evaluación antes de iniciar el presente grado, para permitir secuencialidad y mayor comprensión a quienes no hayan tenido acceso al aprendizaje previo. Este refuerzo debe ser acompañado con otras actividades complementarias que sirvan de apoyo al proceso de la orientación sexual, en el que es primordial fundamentar valores.

Aspectos o temas esenciales del taller grado 0
Identidad

- Mi quehacer como hijo, alumno y ciudadano, porque contiene la guía de lo que mínimamente debe hacer cada ser humano para vivir en armonía consigo mismo, con la familia, con la sociedad y con la naturaleza.
- La valoración del origen divino como fuente de los dones especiales recibidos (vida y cuerpo) y, con ellos, el reconocimiento de la igualdad en la dignidad de todos los seres humanos y su trascendencia en el cumplimiento de su misión a través del uso adecuado del cuerpo y de los dones del amor, inteligencia y voluntad, y de los demás atributos que de ellos se derivan.
- La interiorización de la identidad personal sobre la base de la aceptación de quiénes somos y cómo somos, el reconocimiento y construcción de valores y el desarrollo de los talentos que nos permiten vivir en sociedad y ser útiles dentro de ella.
- La toma de consciencia acerca del significado del cuerpo como máximo don personal y su cuidado, respeto y pro-

tección, aplicando en todo momento y lugar las pautas establecidas para tal fin.
- El reconocimiento del proceso de nacimiento, crecimiento y desarrollo de la vida humana intrauterina y en especial su concepción, como acuerdo previo entre dos: sus potenciales padre – madre.

Aspectos o temas esenciales del taller grado 1
Reconocimiento

- El auto reconocimiento como seres únicos e irrepetibles en lo humano y, por lo tanto, diferentes de todos los demás.
- La validación y respeto de las diferencias e individualidades de los demás, porque también los otros son únicos e irrepetibles.
- La aceptación de que el cuerpo recibido es perfecto para cumplir una misión y que cada quien viene a cumplir una misión diferente.
- La comprensión de los procesos de crecimiento y desarrollo que conducen a convertir a las personas en adultas y la importancia de la colaboración en el bienestar familiar, que es primordial para formarse en voluntad o querer hacer por convicción, solidaridad, responsabilidad y sentido de pertenencia, tan vitales para el éxito de nuestra vida en sociedad y de pareja en el futuro.
- El reconocimiento de la importancia de trabajar en forma permanente por el cuidado, respeto, protección y valoración del cuerpo como el mayor tesoro y único medio físico posible para preservar la vida y poder cumplir una misión.

Quienes por alguna razón no vivieron la experiencia de tal confrontación y aprendizaje, tanto padres como hijos - alumnos, quedan invitados pero a su vez comprometidos a buscar de común acuerdo con el docente los mecanismos apropiados para salvar este vacío de la mejor forma posible, de tal modo que el ciclo de orientación sexual inicie como debe ser: por el principio y respondiendo debidamente a las preguntas que fueron de mayor curiosidad e interés.

Justificación taller grado 2

¿Cómo lograr que el niño o la niña comprendan, toleren y respeten las diferencias de los amigos, de los compañeros y de su futura pareja, con toda la variedad de expresiones implícitas, si no aprenden a ser tolerantes?

Saber cómo es, cómo son los demás y reconocer las causas tanto de las igualdades como de las diferencias, es el primer paso de un niño o una niña hacia la tolerancia, valor que nace del reconocimiento y respeto por las diferencias, y tan esencial en un mundo donde reina la diversidad.

Pero, ¿qué sentido tiene reconocerse diferente, reconocer las diferencias de los demás y hablar de tolerancia si no existe una tarea complementaria que le dé significado y validez?

Solo la labor conjunta de padres y maestros hará que sea posible sacarle provecho a la tarea de reconocer al niño y la niña como ser singular y por lo tanto diferente, y encauzar el reconocimiento de sus propias diferencias hacia el reconocimiento y respeto por las diferencias de los demás.

La tarea que conduce hacia la tolerancia, o sea, al respeto por las diferencias ajenas, está en el permanente reconocimiento de la diferencia y el acto simultáneo del respeto por ella. En el afianzamiento e interiorización de los valores del respeto y la tolerancia, más que en otros valores, es fundamental el buen ejemplo de padres y maestros. Por lo tanto, es esencial **desterrar** las risas como acto de celebración por los errores ajenos y **evitar** los señalamientos, las comparaciones, la discriminación, los llamados de atención en público con nombre propio y la crítica destructiva, entre otros, dando de paso un golpe de gracia al bullying o acoso estudiantil (matoneo). Por lo mismo, tal como quedó expuesto en la justificación del grado 1, hay que emprender un plan de tareas complementarias con juegos y otras estrategias que sean percibidas solo como un acto más de acompañamiento para ayudar a quienes lo requieran, según diagnóstico, a superar las dificultades no superadas pero superables.

Recuerde que respetar las diferencias es enseñar tolerancia y que no existe otra manera de hacerlo. La práctica constante del respeto por las diferencias es el antídoto contra el bullying o acoso estudiantil.

Malla curricular

Período 1

Competencias (Ser-Saber-Hacer)	Logros	Contenidos Reconozco y respeto las diferencias
Reconoce la causa de las diferencias y las respeta	Deduzco que la tolerancia se fundamenta en el reconocimiento y simultáneo respeto a las diferencias	La tolerancia se fundamenta en el respeto a las diferencias
Identifica sus igualdades y sus diferencias frente a un compañero (a)	Identifico y enumero las igualdades y las diferencias existentes entre un compañero (a) y yo	Identifico igualdades y diferencias
Deduce que la juventud y la belleza son pasajeras	Comprendo que la belleza y la juventud no duran por siempre	La juventud y la belleza son relativas y pasajeras

Período 2

Competencias (Ser-Saber-Hacer)	Logros	Contenidos Reconozco y respeto las diferencias
Expresa los cuidados que debe tener con su cuerpo	Reafirmo la necesidad de cuidar mi cuerpo para mejorar mi salud y mi autoestima	Cuidar el cuerpo es vital para la salud y la autoestima
Demuestra que reconoce el valor de su cuerpo	Reconozco el valor de mi cuerpo y procuro protegerlo y respetarlo	Reconozco el valor de mi cuerpo
Hace evidente el respeto por el cuerpo de sus compañeros (as)	Asimilo que solo valorando mi cuerpo, valoro y respeto el cuerpo de los demás	Valorando mi cuerpo, aprendo a valorar y respetar el cuerpo de los demás

Período 3

Competencias (Ser-Saber-Hacer)	Logros	Contenidos Reconozco y respeto las diferencias
Reconoce sus talentos y trabaja para desarrollarlos. Muestra interés por sus actividades académicas	Descubro que mi realización personal o mi quehacer en el mundo, depende de mis potencialidades, del desarrollo de las mismas, de mi voluntad firme para lograr lo que deseo y de saber aprovechar las oportunidades que se me presenten	Mi quehacer en el mundo depende en gran parte de mí mismo (a)
Practica los valores aprendidos	Observo y practico los valores que se viven en familia y dentro de la institución escolar: respeto, autoestima, diálogo y responsabilidad, como valores de primer orden	La familia y la institución escolar formadora y reforzadora de valores
Entiende la importancia de los roles y los practica según las circunstancias	Asimilo que cada miembro de mi familia cumple un papel o rol dentro de la estructura familiar	Cada miembro de mi familia cumple un papel o rol dentro de la estructura familiar

Período 4

Competencias (Ser-Saber-Hacer)	Logros	Contenidos Reconozco y respeto las diferencias
Diferencia la pareja de la familia Reconoce la importancia de la familia como formadora	Deduzco que la familia es la base de la sociedad porque nos prepara para vivir en ella, inculcándonos valores y enseñándonos deberes y derechos	La familia es la base de la sociedad
Diferencia las emociones de los sentimientos y su incidencia	Aprendo a identificar mis emociones y a expresarme a través de ellas, pero también a controlarlas	Las emociones son formas de expresión humana
Descubre formas de expresar sentimientos	Descubro en los juegos, juguetes, cuentos, historietas y otros escritos medios para despertar emociones y sentimientos	Existen medios para despertar emociones y evocar sentimientos
Realiza la tareas propuestas	Evalúo mis avances en el área, realizando la sopa de letras propuesta	Evaluación del taller

Logros

1. Leo y comprendo el contenido de la carta a los estudiantes y realizo las actividades propuestas, con la ayuda de mis padres o sustitutos y docente.

2. Leo, analizo y comento el mensaje sobre mi quehacer como hijo (a), estudiante y ciudadano (a), haciendo especial énfasis en el numeral 1.
3. Retroalimento los contenidos del taller grado 1 y confronto mis respuestas.
4. Deduzco que la tolerancia se fundamenta en el reconocimiento y simultáneo respeto de las diferencias.
5. Identifico y enumero las igualdades y las diferencias existentes entre un compañero (a) y yo.
6. Comprendo que la belleza y la juventud no duran por siempre.
7. Reafirmo la necesidad de cuidar mi cuerpo para mejorar mi salud y mi autoestima.
8. Reconozco el valor de mi cuerpo y procuro protegerlo y respetarlo.
9. Asimilo que solo valorando mi cuerpo, valoro y respeto el cuerpo de los demás.
10. Descubro que mi realización personal o mi quehacer en el mundo, depende de mis potencialidades, del desarrollo de las mismas, de mi voluntad firme para lograr lo que deseo y de saber aprovechar las oportunidades que se me presenten.
11. Observo y practico los valores que se viven en familia y dentro de la institución escolar: respeto, autoestima, diálogo y responsabilidad, como valores de primer orden.
12. Asimilo que cada miembro de mi familia cumple un papel o rol dentro de la estructura familiar.
13. Deduzco que la familia es la base de la sociedad porque nos prepara para vivir en ella, inculcándonos valores y enseñándonos deberes y derechos.
14. Aprendo a identificar mis emociones y a expresarme a través de ellas, pero también a controlarlas.

15. Descubro en los juegos, juguetes, cuentos, historietas y otros escritos, formas y medios para revivir, motivar y expresar emociones y sentimientos.
16. Evalúo mis avances en el área, realizando la sopa de letras propuesta.

Metodología

A través del educador sexual o del docente con función de orientador[1] o, en su defecto, a través del director de grupo[2], en una reunión mensual de una hora (o más de ser posible)

---

[1] Cargo propuesto como parte de la conformación del comité escolar de convivencia, citado en el artículo 12 de la Ley 1620 de 2013" de Colombia por la cual se crea el sistema nacional de convivencia escolar y formación para el ejercicio de los derechos humanos, la educación para la sexualidad y la prevención y mitigación de la violencia escolar".

[2] Sería una opción recomendable bajo el entendido de que el director de grupo tiene mayor empatía y carisma con sus alumnos y mayor acercamiento con los padres de ellos.

que podría realizarse en el horario correspondiente a la clase semanal de educación sexual[3], la institución escolar presentará a los padres de familia el derrotero de las tres clases restantes del mes, a efectos de:

<u>Sensibilizarlos</u> en cuanto a actitudes y comportamientos deseables como padres con el fin de evitar contradicción entre ellos y la institución escolar.

<u>Analizar</u> con ellos la problemática que surja en torno a los temas propuestos para que las clases se puedan abordar con unidad de criterio.

<u>Aclararles</u> dudas sobre procedimientos y escuchar sus sugerencias, pero sobre todo motivarlos a abordar al niño, niña y adolescente con la verdad, entendiendo y aceptando que los padres NO SOMOS DIOSES sino seres humanos y que es preciso reunir el valor suficiente para enfrentar la verdad en temas sensibles como la concepción, el nacimiento, la ausencia de un padre y del apellido de este, la adopción, entre otros. Si reconocemos y asumimos nuestro derecho a equivocarnos y a cometer errores, evitaremos que en el futuro caiga la "máscara de santidad" que hemos llevado ante nuestros hijos y que con ella se vaya la confianza, el respeto y la credibilidad que hemos pretendido mostrar como modelos dignos de imitar o como ejemplo de autoridad moral.

Estas reuniones son muy necesarias especialmente desde preescolar hasta grado 9 de educación básica pues se trata de grados en los que se abordan los temas más álgidos de la vida sexual. Además, tales reuniones representan una oportunidad que los padres deben aprovechar para que, por lo menos con su disposición y buena actitud, apoyen este proceso que, quiérase o no, es necesario abordar por el bien de los (las) niños (as), los adolescentes y por ende de las generaciones futuras.

---

[3] Es una propuesta, pero sería ideal una alternativa más favorable programada para facilitar la asistencia de los padres y lograr la mayor concurrencia posible en horarios más convenientes para ellos.

El hecho de sugerir especial acompañamiento hasta el grado 9 no significa que los padres deban abandonar el proceso allí. Continuar hasta grado 11 es conveniente porque sus hijos, adolescentes todavía, siguen siendo sus protegidos y porque los padres recibirán elementos valiosos que les permitirá evaluarse como tales y revisar incluso sus propias relaciones de pareja.

Procedimiento

Desde grado 0 hasta grado 3:

Desde preescolar hasta cuando el (la) niño (a) domine la lectura y la escritura, en el grado 3 aproximadamente, en forma posterior a la etapa de orientación del tema por parte del docente, se recomienda que sean los padres o sustitutos o cuidadores quienes lean y motiven una nueva reflexión por parte del niño (a) o estimulen, por medio de preguntas, la narración de lo aprendido en la escuela. Una vez captada la atención y verificado el estado del aprendizaje, deben aclararle algún aspecto que se considere necesario. Finalmente, hacerle las preguntas propuestas en el taller y **trascribirle** las respuestas tal como el (la) niño (a) las comprendió y expresó, sin hacerle cuestionamientos que lo desmotiven e incomoden. Cuando por alguna razón los padres o sustitutos no puedan hacer este acompañamiento, se recomienda delegarlo en una persona de su entera confianza con quien también el (la) niño (a) se sienta a gusto. Lo esencial es: no dejarlos solos frente a este proceso, generarles confianza y permitirles que posteriormente se enfrenten a su propio nivel evolutivo en la medida en que sus cuerpos se desarrollan y sus percepciones e ideas maduran. En algunos ejercicios en los que las respuestas son específicas, el (la) profesor (a) debe estar especialmente atento (a) a que se consignen las respuestas correctas, a efectos de que los padres dispongan de una adecuada guía para sí mismos o para aclarar dudas a sus hijos en caso de ser necesario.

Desde grado 4 en adelante:

Superada la primera etapa de grado 0 a grado 3, según cada individualidad, acompañar a los hijos en las tareas hasta cuando los padres tengan plena confianza en la institución respecto del trabajo propuesto en los talleres o hasta cuando los (as) niños (as) lo soliciten o acepten, pues imponerles nuestra presencia a partir de que los niños hayan superado cierta edad, grado de madurez o independencia, es violatorio de su privacidad. Hay que permitir que el niño o niña comunique solo lo que el grado de confianza que tiene en los padres le permita y continuar el acompañamiento al proceso desde la institución escolar pues este apoyo seguirá siendo crucial tanto para la institución, como para los estudiantes y para los padres de familia.

Vale la pena aclarar la idea final sobre la confianza que los padres de familia deben inspirar a sus hijos, por tratarse de algo tan fundamental no solo como mecanismo de protección de estos últimos, sino también como apoyo a la concertación entre todos. A este respecto es primordial que los padres se apoyen en el numeral 1.2 del libro *Orientación sexual desde el hogar y la escuela*, sobre los valores del diálogo y el respeto como mecanismo para construir confianza y es muy prudente y conveniente que consideren también el grado de responsabilidad y respeto que demuestran como adultos porque con ello inciden significativamente en la formación de los hijos.

Evaluación

A menos que se legisle algo diferente, la evaluación como elemento de cotejo de la superación de los logros propuestos y de validación de las competencias a desarrollar como consecuencia de ello, debe ser permanente y no limitarse a pruebas escritas aunque también deba contenerlas. Toda acción que evidencie compromiso, responsabilidad y actitud positiva hacia la asignatura se constituye en elemento de evaluación. Esto incluye la presentación oportuna de trabajos de consulta, la participación en clase, el desarrollo de las propuestas del taller, la elaboración de carteles y carteleras, lo mismo que los cambios positivos en el comportamiento producto de la interiorización y vivencia de valores y contenidos, entre otros.

Simbolizar y/o representar por escrito el resultado de la evaluación o diagnóstico del nivel de logros alcanzados demostrables a través de competencias y traducirlo a una calificación expresada en números, letras o palabras, debe ser materia de discernimiento del consejo académico, quien decidirá también si una calificación insuficiente (I) en letras o su equivalente en número, es objeto o no de recuperación, nivelación o repetición de la asignatura o área. Repetir es lo deseable en caso tal para imprimirle importancia y seriedad a la asignatura. Queda aclarar que sin la asimilación de logros en las estructuras mentales no es posible el desarrollo de competencias o demostraciones visibles en la solución de problemas de la vida diaria, cuantificables a través de calificaciones o notas.

Observación:
Se pretende que los talleres de educación sexual, a diferencia de otros materiales educativos, se conviertan en objeto de reflexión permanente y personal que permitan la confrontación de ideas y posiciones según el grado de evolución - maduración de la niñez a la adultez. Por lo tanto, no están diseñados para ser reutilizables.

1. Mensajes a los estudiantes

1.1 Carta a los estudiantes

LOGRO 1. *Leo y comprendo el contenido de la carta a los estudiantes y realizo las actividades propuestas con la ayuda de mis padres o sustitutos y docente.*

Queridos niños, niñas y jóvenes estudiantes:

Ustedes son el presente y futuro de nuestro país. Son nuestro presente porque: sin ustedes, niños, niñas y jóvenes, la dura tarea por salir adelante y construir un mundo mejor perdería todo sentido para muchos seres humanos en el mundo. Por una vida más digna para ustedes es que han nacido las pequeñas y grandes empresas. Por ustedes, los obreros y campesinos venden su última gota diaria de sudor y le arrancan los frutos a la tierra. Son ustedes quienes a diario motivan la vida misma y encienden los ánimos que dan inicio a la tarea de muchos padres y madres de familia en procura de que no les falte alimento, vestido, vivienda, salud y educación aunque para muchos padres este sobrehumano esfuerzo no sea suficiente para proporcionarles todo lo que nace del corazón, o al menos lo que demanda el sentido común, o ni siquiera lo que exigen las mínimas condiciones de supervivencia.

Como motivadores del quehacer de sus padres y de todo lo que ello significa, están llamados a corresponder todo este esfuerzo, preparándose responsablemente para relevarnos a futuro en la tarea de construir una sociedad más incluyente, más equitativa, más justa, más cimentadora de valores y por tanto más respetuosa de los derechos humanos. Para no ser inferiores a la tarea de ser constructores de futuro, dado que de ustedes depende el futuro mismo, deben, cada uno en forma individual pero simultánea, emprender dos grandes tareas.

La primera gran tarea se refiere a tu período estudiantil y se trata de que comprendas y aceptes que asistes a una etapa de preparación, que es indispensable para poder enfrentar tu vida de adulto (a) con éxito, pero por sobre todo, con calidad humana. Ello implica que debes formarte o educarte integralmente, haciendo especial énfasis en el afianzamiento de valores como el respeto, la autoestima, el diálogo y la responsabilidad, garantes de otros valores y derechos, como aprender a respetarnos si todavía no hemos aprendido a dialogar. Sin embargo, para formarte en valores, es indispensable que ayudes a tus padres y profesores a cumplir con su difícil pero inherente tarea de formadores y en vista de ello, debes desarrollar dos actividades:

- La primera actividad, es estar muy atento (a) a todas las buenas acciones de padres y maestros y a todos sus buenos ejemplos, en procura de que los aprendas y los pongas en práctica: saludar, dar las gracias, compartir, cooperar, dialogar, tratar cordialmente a las personas, cumplir obligaciones y promesas, entre otros.

- La segunda actividad es valerte de un medio muy constructivo y eficaz para relacionarte con los adultos en los eventos difíciles y críticos con ellos. Cuando los comportamientos de tus padres y profesores lastimen tu amor propio o autoestima, o cuando hieran tu dignidad con gritos, palabras ofensivas u otros comportamientos inapropiados, que de hecho no debes imitar, haz lo siguiente: diles con ternura y con todo el respeto de que seas capaz, diles, repito, cuánto han lastimado tu autoestima, lo mal que te han hecho sentir y cuánto han herido tus sentimientos. Para ello debes valerte de escritos, de mensajes tiernos en donde además les comuniques que los valoras y amas, y que les agradeces las cosas buenas que hacen por ti.

Las dificultades por las que atraviesan los (las) niños (as) y los (las) jóvenes, son experiencias que muchos adultos hemos olvidado. Por tanto, en procura de construir una sociedad más humana en donde se formen y se vivan los valores, es pertinente que con ternura y respeto nos lo recuerden, como una especial invitación a la reflexión y al diálogo.

La segunda gran tarea, es que practiques en todo momento y en todo lugar, todos los valores que vayas aprendiendo. Un significativo número de personas en el mundo eligen organizar su vida en pareja, una vez han llegado a la edad adulta y han definido por lo menos en parte su situación económica.

Este espacio de convivencia, en donde con frecuencia hacen su entrada los hijos, es un espacio especial para practicar valores, como única forma que existe para aprenderlos e interiorizarlos. Si organizarte en pareja no llega ser tu caso, recuerda que en cada persona mayor, no necesariamente adulta, hay un maestro, porque siempre habrá un niño (a) u otro alguien presto a imitarlo; es decir, siempre habrá alguien que siga tu ejemplo.

De lo anterior se deduce que: enseñar o emplear constructivamente lo que aprendas sobre la base de los valores humanos, es lo que te hará un (a) futuro (a) constructor (a) de un mundo mejor.

Al presentarte la serie "Vida Sexual con Valores", pretendo que encuentres en ella, de manera progresiva y según tu grado de escolaridad, el verdadero sentido y alcance de tu vida sexual y los trascendentales valores y compromisos que ella encierra, para que apoyado (a) en la información, reflexiones y te prepares para vivirla plena pero responsablemente, seguro (a) de que de esta manera harás el más significativo aporte a la construcción de un mundo mejor. Espero desde el corazón que año tras año adquieras la serie, la revises periódicamente y confrontes tus respuestas, y que la cuides para que obtengas de ella el máximo provecho para ti y a favor de otros.

Actividad:

Lee los siguientes mensajes y usa los nombres para llenar los primeros 5 espacios de la frase siguiente y luego busca en la carta a los estudiantes las palabras faltantes.

- Jacinto no vino a clases porque se rompieron sus únicos zapatos.
- Un fuerte aguacero dañó todas las pertenencias de los papás de Luís Mario, mi compañero de grupo.
- Layla, mi amiguita, está enferma pero su familia carece de servicio de salud.
- Nano, mi amiguito, trabaja en las tardes para ayudarse en el estudio.
- Lucho es pálido, delgado y muy pequeño de estatura para su edad.

¿Qué ocurre no obstante que muchos padres de familia trabajan con sobrehumano esfuerzo?

Ocurre que niños como: _____, _____, _____, _____ y _____ carecen de lo _____ para una _____ supervivencia.

El trabajo infantil enfocado a complementar el sustento familiar, impide a niños y niñas vivir plenamente su infancia y lograr las metas propias de su edad.

Con el apoyo de la carta, busca las palabras que componen la respuesta de la siguiente pregunta y escríbela a continuación.

¿Cómo debo corresponder al esfuerzo de mis padres para darme a veces solo lo que pueden o, en algunos casos, lo que quiero o necesito?

_____
_____
_____
_____
_____
_____
_____

1.2 Mi quehacer como hijo, estudiante y ciudadano

LOGRO 2.*Leo, analizo y comento el mensaje sobre mi quehacer como hijo (a), estudiante y ciudadano (a), haciendo especial énfasis en el numeral 1*

1.2.1. Cuido, respeto y protejo mi cuerpo.

1.2.2. Respeto el cuerpo, las diferencias y las pertenencias ajenas.

1.2.3. Cuido y hago uso adecuado de mis pertenencias, las cuales recibo del afecto y del esfuerzo de mis padres.

1.2.4. Reconozco y valoro los bienes colectivos y hago uso adecuado de ellos.
1.2.5. Consumo con gratitud y racionalidad los alimentos que mis padres me proporcionan con esfuerzo y amor.
1.2.6. Aprovecho responsablemente la oportunidad de estudio que me brindan mis padres en aras del respeto a mi derecho fundamental a la educación.
1.2.7. Trato con respeto, amor y gratitud a mis padres y maestros.
1.2.8. Trato con respeto y consideración a todos los seres humanos en reconocimiento de su dignidad como personas.
1.2.9. Ayudo a la formación de mi responsabilidad cooperando al bienestar de mi hogar y cumpliendo mis tareas y demás compromisos.
1.2.10. Cuido, respeto y protejo la naturaleza como único bien que garantiza la supervivencia de la raza humana.

Leo y comento el decálogo de mi quehacer como hijo, estudiante y ciudadano, haciendo especial énfasis en el numeral 1, el que transcribo y comento con un compañero (a).

Trascripción:
_____
_____

Comentario:
_____
_____
_____
_____

¿Qué aprendizaje especial me deja este mensaje para mi vida diaria?
_____
_____
_____

Autoevaluación

Reviso o evalúo mis logros en relación con mi quehacer como hijo, estudiante y ciudadano y los califico mediante una autoevaluación crítica y honesta, como D, I, A, B o E,[4] señalando con una "X" en la columna correspondiente según la forma, responsable o no, en que vengo practicando estas directrices. Antes de responder recuerdo o visualizo los momentos en los cuales las llevo a cabo.

Mi quehacer como hijo, estudiante y ciudadano	D	I	A	B	E
Cuido, respeto y protejo mi cuerpo					
Respeto el cuerpo, las diferencias y las pertenencias ajenas					
Cuido y hago uso adecuado de mis pertenencias, las cuales recibo del afecto y del esfuerzo de mis padres					
Reconozco y valoro los bienes colectivos y hago uso adecuado de ellos					
Consumo con gratitud y racionalidad los alimentos que mis padres me proporcionan con esfuerzo y amor					
Aprovecho responsablemente la oportunidad de estudio que me brindan mis padres en aras del respeto a mi derecho fundamental a la educación					
Trato con respeto, amor y gratitud a mis padres y maestros					
Trato con respeto y consideración a todos los seres humanos en reconocimiento de su dignidad como personas					
Ayudo a la formación de mi responsabilidad cooperando al bienestar de mi hogar y cumpliendo mis tareas y demás compromisos					
Cuido, respeto y protejo la naturaleza como único bien que garantiza la supervivencia de la raza humana					

D: Deficiente, I: Insuficiente, A: Aceptable, B: Bueno, E: Excelente

Si todos cumplimos adecuadamente estas diez pautas de convivencia tendremos un mundo mejor para vivir.

---

4   O su equivalente en el sistema de calificación que se emplea por el plantel educativo.

2. Refuerzo taller no. 1

LOGRO 3. *Retroalimento los contenidos del taller grado 1 y confronto mis respuestas*

2.1. Leo los contenidos y mis respuestas relacionadas con:
- Mi singularidad física y mi personalidad
- El valor de las diferencias entre los seres humanos

Observo si he tenido algunos cambios a nivel físico o de comportamiento en el último año. En caso afirmativo, ¿cuáles?

_____
_____
_____
_____
_____
_____

Completo ideas:
Siguiendo las lecturas asociadas al tema, busco las palabras que completan la idea y las escribo en los espacios en blanco.

Las características físicas y mentales de cada ser humano jamás _____ están sustentadas en un caudal _____ sin igual para cada _____.

Soy único e _____ porque jamás ha _____ alguien _____ a mí.

Cada ser _____ es único y por tanto _____ de los demás.

La _____ es el conjunto de maneras de _____ y de expresar lo que _____.

Son elementos de mi _____ la herencia _____, los aprendizajes derivados del _____ de mis padres y de otros adultos significativos, y los _____ del medio ambiente.

Como no hay dos personas que se _____ _____ igual, mí _____ también es _____.

Identificar la _____ de nuestras diferencias permite entender por qué somos singulares, _____ y _____.

Saber la causa de nuestras _____ posibilita descubrir por qué debemos _____ y _____ las diferencias de las demás _____.

Cuando respeto a los _____ me respeto a mí _____ porque cuido mi buen _____

Soy único porque soy _____, valoro la _____, respeto la _____

Viva nuestra dignidad como _____, vivan las _____ y nuestras _____

2.2. Leo y elaboro, según orientación del docente, una cartelera con las características que me hacen igual a todas las demás personas y comento mi experiencia producto de la realización de la actividad.

Asocio expresiones con ideas:

Coloco cada letra de la columna de la izquierda frente a la idea que complementa la expresión en la columna derecha.

a.	Origen divino	___	Nos hacen únicos y nos permiten complementarnos
b.	Origen humano	___	Nos hacen afines a los otros y nos permiten la comprensión y el entendimiento
c.	Dignidad	___	Provenimos de la inteligencia y voluntad de un Ser Superior que nos creó a imagen y semejanza
d.	Destino final	___	tarea especial que vino a cumplir cada ser humano y que le permite auto realizarse como persona
e.	Misión	___	Liberar y trascender el espíritu a través de la muerte
f.	Igualdades	___	Honor, distinción, rango especial inherente a todos los seres humanos por el solo hecho de ser personas
g.	Diferencias	___	Todos nacemos de las semillas de una pareja formada por un hombre y una mujer
h.	Cuerpo	___	Es la esencia o energía del Creador que me aporta vida, amor, Inteligencia y poder
i.	Espíritu	___	Son mis pensamientos, mis palabras y las acciones u obras que se derivan de éstos
j.	Mis creaciones	___	Casa, vehículo o estructura física donde el Creador extendió su espíritu para hacerme parte de él

2.3. Leo y comento con un compañero (a) los contenidos sobre:
- Lo que me gusta de mi cuerpo
- Cómo mi cuerpo cambia para convertirme en adulto
- Los distintos roles o tareas que puedo desarrollar en el tiempo a través del cuerpo
- Escribo los comentarios

_____
_____
_____
_____
_____
_____
_____
_____
_____

2.4. Leo y confronto mis respuestas acerca de:
- Los trabajos u oficios a través de los cuales ayudo al bienestar de la familia.
- Las diferencias y las igualdades que hay en la familia.

Escribo un comentario al respecto

_____
_____
_____
_____
_____
_____
_____
_____

2.5. Leo y confronto mis respuestas acerca de:
- Las diferencias que hay entre una pareja y una familia.
- Mi sentido de pertenencia frente a las instituciones: familia, colegio y comunidad.

Escribo las conclusiones

_____
_____
_____
_____
_____
_____

_____

Asocio dibujos con mensajes

Observo cada dibujo y mediante la numeración lo asocio con el mensaje correspondiente.

1. Rol, papel o función que debe cumplir un menor de edad entre los 5 y los 15 años por lo menos.
2. El rol o papel del padre durante la gestación es brindarle atención, acompañamiento y seguridad tanto a la madre gestante como al hijo que esperan.
3. Complementarse en pareja conlleva el significado de que ambos tienen igualdad de derechos y el compromiso común de compartir todas las responsabilidades.
4. Ambos desempeñan un rol frente al otro. El niño, el rol o papel de hijo; el adulto desempeña el rol de padre.
5. Yo soy enfermera, yo soy conductor, el rol del adulto vive en mi interior.
6. Lo que en casa aprendo yo lo haré de adulto, si papás lo saben, morirán del susto.
7. El trabajo del hogar es de todos los miembros de la familia, incluyendo a los niños.
8. Si papás se miman, se abrazan, se besan, yo aprendo ternura y mil cosas bellas.
9. Yo juego a ser papá, yo juego a ser mamá y sus comportamientos habremos de imitar
10. Si en casa realizo labores de hogar seré responsable, sabré cooperar.

Diferencio lo verdadero de lo falso:

Escribo V o F sobre la raya, según que las siguientes ideas sean verdaderas o falsas.

- Los menores en edad escolar no deben trabajar para ayudar al sostenimiento de la familia ___
- Hay tareas y profesiones exclusivas para cada sexo ___
- Las labores de cualquier índole deben realizarse según el gusto, el interés o las destrezas ___
- No me corresponde hacer nada en beneficio de otros ___
- Cada persona que hace algo por mí, merece que yo haga algo por ella ___

- Entre las parejas y la familia debe existir la solidaridad ___
- Soy solidario (a) cuando me dispongo a hacer algo en beneficio de otros ___
- Todas las casas habitadas son hogares ___
- En la familia hay diversidad de formas de ser y de pensar, por lo tanto son necesarios el diálogo y el respeto ___
- La comprensión carece de importancia en la etapa de consolidación de las relaciones, tanto de amistad como de pareja ___

Busco la palabra correcta:
Lleno el espacio con la palabra correcta que completa la idea.
- Las parejas deben procurar el diálogo y ser muy _____ en la manifestación de sus sentimientos.
- La comprensión es necesaria para poder consolidar relaciones de _____ que garanticen el amor, el respeto y la compañía duradera.
- El amor y el respeto de la pareja, o de los padres, debe traducirse en _____ y permanente apoyo.
- En esencia, lo que los hijos requieren de sus padres es la _____.
- La confianza de los hijos en sus padres se fundamenta en el _____ de las promesas y pactos concertados con ellos.
- Tengo sentido de _____ cuando cuido las pertenencias propias y colectivas, y respeto las ajenas.
- Cuidar las cosas que nos prestan servicio denota _____ y sentido de pertenencia.
- Mi vida y mi cuerpo son el _____ que recibí a través de mis padres.

- Las cuatro tareas vitales que tengo con mi cuerpo son: cuidarlo, _____, respetarlo y valorarlo.
- Mis dones y talentos no fueron mi elección, sino mi _____ divina y por lo tanto no los convierto en objeto de vanagloria.

Elijo la respuesta correcta:

Coloco una "x" sobre el guión de cada idea correcta según la palabra o expresión guía.

Único
__ Sin igual dentro de un grupo
__ Con características similares

Personalidad
__ Manera de ser de las personas osadas y atrevidas
__ Conjunto de maneras o formas de comportarnos para expresar lo que sentimos

Herencia genética
__ No afecta para nada nuestra personalidad
__ Influye tanto en el aspecto físico como en los comportamientos

Diferencias
__ Rasgos físicos y de personalidad que me hacen sin igual, diferente, singular, único
__ Características más sobresalientes de una persona

Dignidad
__ Ser y sentirse superior a los demás
__ Honor especial que ostentan todas las personas sobre los demás seres de la naturaleza

Inteligencia
__ Capacidad para discernir y orientar la elección de nuestras acciones
__ Saber distinguir lo conveniente de lo inconveniente

Misión
__ Tarea especial que vine a cumplir y que le imprime importancia a mi cuerpo

__ Cumplir lo que me toque lo mejor posible

Complementarnos

__ Aportarnos los unos a los otros según nuestras habilidades y destrezas

__ Apoyar a nuestros amigos en sus dificultades

Cuerpo humano

__ Estructura física, vehículo o instrumento del alma o espíritu

__ Apariencia física que se activa con la vida

Mis creaciones

__ Es todo lo que yo creo o hago como producto de mis actividades

__ Son mis pensamientos, mis palabras y las acciones que realizo como producto de ellos

2.6. Elaboro carteles alusivos al cuidado, respeto, protección y valoración de mi cuerpo y los exhibo en lugares de la escuela o colegio asignados para tal efecto.

2.7. Escribo las experiencias o inquietudes que me ha dejado la realización de esta actividad.

_____
_____
_____
_____
_____
_____
_____
_____
_____
_____
_____
_____

Si mis acciones o creaciones son el resultado de lo que pienso y de lo que digo, debo ejercer vigilancia y control sobre mis pensamientos y mis palabras.

Cuando hablamos sin pensar puede ocurrir que digamos palabras inconvenientes que generen malos entendidos.

Si actuamos sin pensar en las consecuencias de nuestros actos tal vez hagamos algo de lo que podamos arrepentirnos.

Cree, piensa y habla lo positivo, y tu creación será positiva.

3. Reconozco y respeto las diferencias

3.1 La tolerancia se fundamenta en el respeto a las diferencias

LOGRO 4. *Deduzco que la tolerancia se fundamenta en el reconocimiento y simultáneo respeto a las diferencias*

¿Por qué somos diferentes física, mental y emocionalmente? ¿Lo recuerdas? Trata de recordarlo junto con un (a) compañero (a) y escríbelo.

_____
_____
_____
_____
_____
_____
_____
_____
_____
_____

¿En cuál de los anteriores talleres lo aprendimos? _____

¿Requieres ayuda? Consulta en el taller No.1, en los logros 4 y 5.

Somos diferentes física y mentalmente, principalmente, porque todos recibimos <u>diferente herencia genética</u>.

¿Recuerdas de quiénes y cómo recibimos la herencia genética?

La herencia genética la recibimos de nuestros padres. Estaba contenida dentro de las dos mitades de la semilla que aportó cada uno de ellos, óvulo y espermatozoide, que al juntarse dieron origen a nuestra vida y posterior nacimiento.

Somos diferentes emocionalmente y nos comportamos diferente por:
- Nuestra herencia genética
- El diferente comportamiento de cada padre o madre, entre ellos, y con nosotros, el cual aprendemos de su ejemplo
- Nacer y crecer en lugares diferentes y por lo tanto con costumbres diferentes

¿Quién o quiénes entre todos nosotros eligió a su pareja de padres?

Ninguno de nosotros recuerda haberlo hecho, ¿verdad? Tampoco recordamos haber elegido lo que íbamos a heredar de cada uno de ellos. Eso quiere decir que tampoco elegimos nuestra apariencia física ni nuestra capacidad intelectual, etc., y por esa razón no tiene sentido vanagloriarnos ni acomplejarnos por cómo somos. El solo hecho de ser personas basta para tener dignidad y merecer respeto.

¿Quién o quiénes entre nosotros eligió el lugar para nacer, la riqueza o la pobreza de sus padres o familiares, el nombre o el apellido que lleva?

Aquí tampoco tenemos de qué enorgullecernos o de qué acomplejarnos porque nada de esto fue nuestra elección y por lo tanto nuestra actitud debe ser de humildad, nuestro deber es agradecer y nuestra misión, servir. La humildad, porque todo lo recibí sin dar y sin pedir nada; la gratitud, porque todo lo recibí sin esfuerzo y sin dar nada a cambio; y servicio porque si todo lo recibí, yo debo dar también. Solo la solidaridad, el compromiso y el amor de otros, hizo posible nuestra supervivencia y la obtención de los logros alcanzados hasta el momento.

¿Ya entiendes por qué somos todos diferentes?

¿Comprendes por qué nadie tiene que acomplejarse, avergonzarse, o sentirse mal, por ser diferente?

¿Tiene sentido entonces que vivamos pendientes de cómo son los demás en vez de observarnos a nosotros mismos?

Si alguien está de mal humor, aléjate, que ya se le pasará; si alguien no quiere hablar, respeta su silencio, pues seguramente hablará después. Si respetas las diferencias ajenas, consigues que respeten las tuyas.

En cuanto a los comportamientos habituales, hay algunos que son modificables. Los comportamientos molestos o perturbadores deben ser motivo de observación, reflexión y de un poco de esfuerzo o voluntad a efectos de mejorarlos; primero, en bien de nosotros mismos ya que lograremos mejor aceptación en el grupo al que pertenecemos, y segundo, para beneficio de las personas con quienes convivimos o comunidad donde vivimos.

En la observación de estos comportamientos deben participar los padres, docentes, compañeros, amigos, pero sobretodo tú.

Haz una lista de tus comportamientos que consideres, o que te han dicho, que son perturbadores o molestos y escribe al frente en qué te perjudican a ti mismo o perjudican a otros. Si deseas, hazlo con un compañero (a) para que se ayuden mutuamente en la observación, sin juzgarse o hacer señalamientos que lastimen al otro.

Comportamientos molestos	Efectos perturbadores

Escribe algunas tareas que te propondrás hacer para mejorar tus comportamientos molestos y perturbadores.

_____
_____
_____
_____
_____
_____
_____
_____
_____
_____
_____
_____
_____

Algunos comportamientos molestos nos alejan de tener mejores amigos y amigas.

¿Quiénes se comportan más adecuadamente?

☐ Niños ☐ Niñas ☐ Igual

Comparte tus respuestas.

> *Reconozco, valoro y respeto las diferencias. Son ellas las que me hacen singular y único, pero también hacen singulares y únicos a los demás.*

El reconocimiento y aceptación de las diferencias, y entre ellas, las limitaciones del niño (a) y el simultáneo respeto por las mismas, es lo que forma la autoestima, y por los tanto nos protege del matoneo o acoso escolar (bullying).

Mi cuerpo y mi vida son un precioso don que debo agradecer, cuidar, proteger, respetar y valorar como mi más preciado regalo y por lo tanto no lo promociono o exhibo como si fuera un trofeo ganado a base de esfuerzo.

Mis tres tareas por haber recibido todo sin pedir ni hacer nada, son: ser humilde, ser agradecido (a) y servir a los demás a través del cumplimiento de una misión.

Me enorgullezco solo del buen uso que hago de mi cuerpo y sus potencialidades y de los esfuerzos que hago por mejorar mis comportamientos molestos o perturbadores.

Consulta con un psicólogo u orientador de tu colegio y pídele que por favor de ayude:

Los hombres y las mujeres somos diferentes específicamente en:

- _____
- _____
- _____
- _____
- _____
- _____
- _____

Pero especialmente en nuestro _____

Socializo mis respuestas.

Cuando reconozco las diferencias del sexo opuesto, puedo buscar con éxito estrategias para un mejor entendimiento con ellos o ellas logrando una mejor comprensión y convivencia.

3.2 Identifico igualdades y diferencias

LOGRO 5. *Identifico y enumero las igualdades y las diferencias existentes entre un compañero (a) y yo*

Elijo un compañero o compañera según mi preferencia y, en un proceso de observación, busco cuáles de sus características físicas se parecen a las mías y cuáles son diferentes. En la observación incluimos también nuestros gustos o preferencias, valores y talentos.

Igualdades	Diferencias

Las igualdades nos permiten entendernos y las diferencias nos permiten complementarnos.

Observando el resultado del cuadro comparativo, ¿en qué aspectos o situaciones puedes servirle de complemento al compañero o compañera con quien te comparaste?

_____
_____
_____
_____
_____
_____

En tu hogar, ¿qué aportes específicos pueden ofrecer tus diferencias, tanto físicas como en gustos, valores y talentos?

_____
_____
_____
_____
_____

_____

¿Qué valor en particular que practicas o qué talento posees o qué características particular este hacen especialmente diferente a los demás miembros de tu familia?

_____
_____
_____
_____
_____
_____
_____

¿Qué mensaje especial te deja la realización de este ejercicio?

_____
_____
_____
_____
_____
_____

Con nuestros amigos y/o futura pareja, debemos ser especialmente sinceros y aprender a tolerarnos para descubrir en qué podemos complementarnos.

La tolerancia es respeto por las diferencias y es esencial para evitar el matoneo, acoso escolar, o bullying.

3.3 La juventud y la belleza son relativas y pasajeras

LOGRO 6. *Comprendo que la belleza y la juventud no duran por siempre*

Compara las diferentes edades de los miembros de tu familia y observa sus fotos para encontrar diferencias de: juventud, belleza, estado de salud, dinamismo y fortaleza, con el fin de que comprendas que la apariencia física representada en la belleza y la juventud son relativas y pasajeras.

Completa la información del siguiente cuadro para dejar por escrito tus observaciones

Nombre o Parentesco	Edad actual	Edad en la foto 1	Edad en la foto 2	Cambios notorios
Papá				
Mamá				
Hermano				
Hermana				
Amigo (si no hay hermano)				
Amiga (si no hay hermana)				
Abuelo				
Abuela				
Otro				
Otra				

¿Cuándo somos más bellos y saludables? _____

_____

¿Cuándo somos más ágiles? _____

_____

¿Cuándo somos más fuertes? _____

_____

¿Cuándo somos más débiles? _____

_____

¿Cuánto duran aproximadamente la belleza y la juventud?

_____

¿Qué aportes u oportunidades nos ofrecen la belleza y la juventud?

_____

_____

_____

_____

¿Qué te dicen los cambios físicos que has observado entre la apariencia actual y la que observas en las fotos del pasado de tus familiares más allegados?

_____
_____
_____
_____

Si es posible, guarda una foto de cada 7 años tomada el día del cumpleaños para que observes y entiendas tu proceso de cambio en las diferentes etapas de tu vida. Los cambios físicos traen cambios de comportamiento.

Quienes fundamentan su autoestima en la juventud y en la belleza, más temprano que tarde se sentirán inconformes y vacíos (as) y esta sensación puede conducirlos a cualquier acto inconveniente para ellos o para otros si no aprenden a aceptarse y a quererse tal como son. Aprender a aceptarnos y a querernos como somos, mejora nuestra autoestima.

Una manera de compensar los vacíos que dejan la ausencia de belleza y juventud cuando se desvanecen, es haber cultivado valores y talentos que nos enriquezcan como personas para hacer más agradable y llevadera nuestra convivencia en la vejez, que inevitablemente llegará.

¿Qué valores especiales te gustaría cultivar?

_____
_____

¿Qué valores has visto que practican tus padres y docentes?

_____
_____

¿Qué talentos o habilidades crees que tienes?

_____
_____

¿Qué materias o asignaturas te gustan más?

_____
_____

¿Al profesor de qué materia le prestas mayor atención?
_____
_____

¿Por qué?
_____

¿En qué labor doméstica te gusta más ayudar?
_____
_____

Lo que más te gusta hacer puede ser un buen comienzo para descubrir cuáles son tus talentos.

Cultivar valores y talentos mejora la autoestima y esta te ayudará con el tiempo a elegir mejor a tu pareja si deseas tenerla.

La vejez y la enfermedad no merman tu dignidad.

3.4 Cuidar el cuerpo es vital para la salud y la autoestima

LOGRO 7. *Reafirmo la necesidad de cuidar mi cuerpo para mejorar mi salud y mi autoestima*

Tener autoestima es quererse mucho uno mismo y, por lo tanto, también es hacer todo lo necesario o posible por el propio bienestar.

Tener salud es estar bien física, mental y emocionalmente.

Recapitulando lo que hemos visto hasta aquí, escribe todo lo que debes hacer para tener un cuerpo saludable.

_____
_____
_____
_____
_____
_____

Si tienes dificultad para recordar, puedes apoyarte en las coplas "Aprendo a cuidar y a proteger mi cuerpo", del logro 7 del taller No. 0. También puedes hacerlo apoyando a un compañero (a). Seguro que entre los dos recordarán mejor. No es necesario escribir la totalidad de cada copla, es suficiente con nombrar las actividades referidas a los cuidados.

Son 10 tareas que, si no estás cumpliendo, debes aprender a cumplir y estas son:

1. _____
_____
2. _____
_____
3. _____
_____
4. _____
_____
5. _____
_____
6. _____
_____
7. _____
_____

8. _____
_____
9. _____
_____
10. _____
_____

Escribe: "√" frente a las tareas que vienes cumpliendo sin que te lo pidan.

Escribe: "*" frente a tareas que solo cumples cuando te las piden u ordenan.

Escribe: "X" frente a las tareas que jamás cumples.

Pregúntale a tus papás y docentes en qué te perjudicas si no cumples estas tareas y escríbelo.

_____
_____
_____
_____
_____
_____
_____
_____

¿Tienes algún motivo especial que te impida cumplirlas? _____

¿Te gustaría escribir cuál es el motivo? _____
En caso afirmativo, escríbelo.

_____
_____
_____
_____
_____
_____

Lee nuevamente las diez pautas que te ayudan a cuidar el cuerpo:

1. Bañarme diariamente con agua y jabón, usando un pañito para estregarme.
2. Usar ropa limpia cada día.
3. Usar ropa abrigada si hay lluvia o hace frío.
4. Usar siempre zapatos o algún tipo de calzado.
5. Lavar las manos antes de comer y luego de usar el sanitario.
6. Consumir alimentación variada que incluya verduras, leche, frutas, cereales y agua potable.
7. Cepillar los dientes luego de cada comida.
8. Jugar, correr y compartir con amigos a los cuales debo respetar, pero también pedirles respeto.
9. Huir de personas extrañas que intenten llamar mi atención, pero también de familiares y "amigos" que percibo malintencionados.
10. Acostarme temprano y levantarme temprano.

Escribe la palabra "felicitaciones" o "excelente" si estás cumpliendo todas las tareas citadas. Si no las estás cumpliendo todas por alguna razón especial, escribe lo que tú crees que es la solución.

_____
_____
_____
_____
_____
_____
_____
_____

Los niños y en general las personas que cumplen estas 10 tareas son saludables, están bien presentadas y por lo tanto ofrecen un aspecto agradable que las hace más apreciadas por los demás. El sentirnos bien con los demás y con nosotros mismos nos refuerza la autoestima o amor a nosotros mismos como seres valiosos.

Levantarme temprano me permite disfrutar de los acontecimientos del día y estar activo (a), lo cual ayuda a mi desarrollo personal.

El juego y los deportes ayudan a mi desarrollo físico y de la motricidad gruesa o adquisición de habilidades y destrezas en el tronco, los brazos, las piernas y los pies.

En todo caso, no te acomplejes si aún no haces todo lo que puedes, pero dile a tus padres y docentes de confianza qué es lo que te impide cumplir los 10 pasos o tareas previamente citadas.

Aunque los demás deban respetar mis diferencias, yo debo ser limpio y agradable por respeto a mí mismo y a quienes viven cerca de mí.

3.5 Reconozco el valor de mi cuerpo

LOGRO 8. *Reconozco el valor de mi cuerpo y procuro protegerlo y respetarlo*

Consulto mi taller No.1 (Logro 14), leo mis deberes cuando estoy comprometido (a) con la protección de mi cuerpo y los escribo en el cuadro siguiente destinado para tal fin.

Mediante autoevaluación crítica y honesta, valoro la forma como vengo cumpliendo las normas de protección de mi cuerpo y las califico como D, I, A, B, o E,[5] señalando con una "X" en la columna correspondiente, según sea el grado de responsabilidad y compromiso alcanzado en su cumplimiento.

Normas y pautas para la protección de mi cuerpo (11)	D	I	A	B	E

---

5   O su equivalente en el sistema de calificación elegido por el plantel educativo.

Normas y pautas para el respeto de mi cuerpo (5)	D	I	A	B	E

Comparto con algún compañero (a) de grupo, experiencias relacionadas con las advertencias y orientaciones para la protección y respeto de mi cuerpo (Logro 14) y escribo las conclusiones.

_____
_____
_____
_____
_____
_____
_____
_____
_____
_____

Busco en periódicos y revistas, pequeñas historias, cuentos y relatos, relacionados con la protección y respeto de mi cuerpo. Los pego, leo y comento con el grupo a efectos de enriquecer mis experiencias.

¿Qué me dice el cuento de caperucita roja y el lobo, por ejemplo?

_____
_____
_____
_____
_____

¿Qué mensajes especiales te deja este tema?

_____
_____
_____
_____
_____

Hay campañas, historietas, cuentos, documentos y otros programas que advierten de los muchos peligros que corremos los niños.

Mi cuerpo, su juventud y belleza, pasan; el espíritu que vive en él, NO; pero se nutre con los valores, aprendizajes y talentos.

Debo cultivar la grandeza de mi espíritu siendo bondadoso y solidario con las causas nobles. Mis decisiones respecto de mi cuerpo deben orientarse en el conocimiento y la reflexión, atributos de mi inteligencia superior, pero como aún soy pequeño (a) debo consultar a mis padres y/o adultos de confianza.

Proteger y respetar mi cuerpo es reconocer en él mi mayor tesoro.

Cuando protejo mi cuerpo, le evito traumas a mi salud física y emocional presente y a mi vida sexual futura.

3.6 Valorando mi cuerpo, aprendo a valorar y respetar el cuerpo de los demás

LOGRO 9. *Asimilo que solo valorando mi cuerpo, valoro y respeto el cuerpo de los demás*

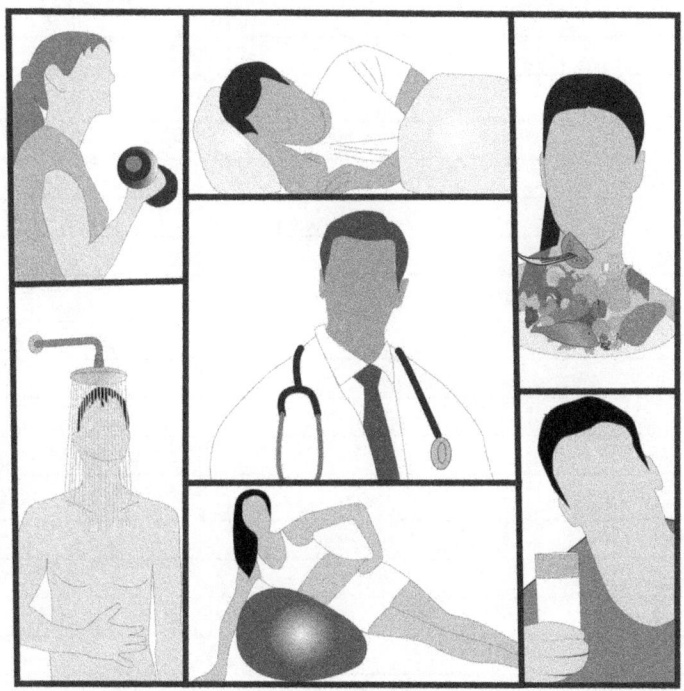

Transcribo del taller No.1 las 7 guías a cumplir cuando estoy comprometido (a) en la tarea de valorar mi cuerpo (parte final del logro 14) y las comento con un compañero, según orientación del docente.

Valoro mi cuerpo cuando:

1. _____
_____
_____
_____

2. _____
_____
_____
_____

3. _____
_____
_____
_____

4. _____
_____
_____
_____

5. _____
_____
_____
_____

6. _____
_____
_____

Tolerancia. Serie Vida Sexual con Valores. Grado 2

_____
_____
7. _____
_____
_____
_____
_____

Recuerda: Somos un espíritu amoroso, inteligente, y creador, y con poder de voluntad, viviendo en un cuerpo.

Si valoro mi cuerpo hago de este mi mejor instrumento de autorrealización personal y social, y le reconozco al cuerpo de los demás igual valor y dignidad.

Valorando el cuerpo de los demás aprendo a valorar el cuerpo de mi futura pareja si llega a ser mi deseo tenerla.

3.7 Mi quehacer en el mundo depende en gran parte de mí mismo (a)

LOGRO 10. *Descubro que mi realización personal o mi quehacer en el mundo, depende de mis potencialidades, del desarrollo de las mismas, de mi voluntad firme para lograr lo que deseo y de saber aprovechar las oportunidades que se me presenten*

Todos los seres humanos nacimos con talentos o capacidad innata para ejecutar con facilidad y perfección algunas tareas. Les corresponde a los padres y maestros ayudarnos a descubrir nuestros talentos o potencialidades y ayudarnos a desarrollarlos.

Los talentos o potencialidades están sembrados en nosotros como semillas que hay que ayudar a crecer y desarrollar hasta dar sus frutos.

¿Ya sabes para qué actividades tienes talento?

1. ¿Cantas bonito por ejemplo? ____
2. ¿Tienes una gran facilidad para entender las matemáticas? ___
3. ¿Te han dicho que tienes habilidades para el dibujo? ___
4. ¿Te gusta todo lo relacionado con el campo y la naturaleza? ___
5. ¿Te fascina o entretiene alguna labor de casa? ___
6. ¿Tienes buen oído y te gusta o atrae la música? ___
7. ¿Te fascina leer cuentos, poemas e historietas? ___
8. ¿Eres aficionado por las mascotas? ___
9. ¿Sueñas con algo especial que te gustaría hacer? ____
   Exprésalo:

   _____
   _____
   _____
   _____
   _____

Las respuestas a las preguntas anteriores te dan una primera idea de las potencialidades y talentos que tienes y entonces puedes comenzar a descubrirlos y desarrollarlos seriamente. Los talentos en comienzo se manifiestan como gustos o aficiones, pero algunos son difíciles de descubrir. Si te empeñas en desarrollarlos y le pones ganas a aprovechar las ocasiones para reforzarlos, serás una persona afortunada que es feliz haciendo lo que realmente le gusta.

Como somos diferentes por las razones que ya conoces, entenderás también que todos poseemos diferentes talentos y diferentes grados de destreza. Ejemplo: entre dos personas con talento para la música, a una de ellas puede darle un poco de más dificultad para aprender que a la otra y por lo tanto le demandará un poco más de esfuerzo hacer la misma tarea, pero eso es normal porque todos somos diferentes. Hombres y mujeres somos especialmente diferentes en el sexo o género.

Tener talento no basta.

Muchos talentos o potencialidades se han perdido porque quienes los poseían no tuvieron la voluntad firme para desarrollarlos, se dejaron vencer por las dificultades y sus semillas se quedaron dormidas sin poderse desarrollar, crecer y dar frutos. Los talentos se parecen a las semillas, si no los siembras y cultivas no dan fruto.

¿Cuántos libros dejaron de redactarse?, ¿cuántos poemas quedaron sin escribirse?, ¿cuántas esculturas sin esculpirse y obras de arte sin pintarse? Esto solo en el plano literario o artístico. ¿Cuántas investigaciones, cuántos inventos y cuántas cosas más dejaron de hacerse?

Existen impedimentos y dificultades para alcanzar tus metas, pero en tu interior tienes la fuerza suficiente para vencerlos: el amor, la inteligencia y el poder del espíritu o poder de voluntad.

Nunca tendrás que hacer lo que no te gusta, si descubres tus potencialidades y talentos y te empeñas en desarrollarlos.

Los talentos no están asociados a algún género en particular y no los poseemos todos porque, como humanos, no somos perfectos. Si todos fuéramos iguales, no necesitaríamos cumplir la misión de complementarnos.

Los valores y talentos son propios de todos los seres humanos y no de algunas personas o sexo en particular.

Descubre tu talento y lucha por él, pues es posible que en este o estos, esté oculta tu misión.

Un buen ejemplo de los talentos que se han perdido, lo presenta el siguiente poema.

Sin tus obras

El Dios Creador decidió enviarte al mundo,
para darte mil dones en su espíritu,
doquiera y en tus actos, Él es tu inteligencia,
Él es tu voluntad y es amor infinito.

El Dios Creador te dio su inteligencia,
para optar entre múltiples caminos,
y férrea voluntad le unió a tus dones,
que mantuviera firme tu destino.

El Dios Creador le confirió a tu alma,
lo sensible del arte, que es su esencia,
pues desde niño en incipientes trazos,
ya tus dotes mostrabas con firmeza.

El Dios Creador le concedió a tus ojos,
el destello que capta la belleza,
de paisajes, también del arcoíris,
de todo aquello que plasma su grandeza.

El Dios Creador le colocó a tus manos,
diez pinceles de mágicos talentos,
con trazos, con colores, con matices,
tú podías llenar el universo.

Más Dios Creador se adormitó en tu alma,
en tus ojos durmió, durmió en tus manos,
y el universo se quedó vacío,

sin las obras que Él te envió a dejarnos,
porque eras tú el dueño de tu cuerpo,
que optó por no prestarle tus ojos y tus manos.

Si no cultivas tus valores y desarrollas tus talentos, tu misión puede quedarse sin cumplir y, si esta es tener una pareja y sostener una familia: ¿qué tendrás para garantizarle bienestar?

"Tu misión es el pedazo de tapiz del universo que solo a ti te corresponde tejer"

(Thomas Printz)

La publicidad que tanto nos asedia, puede atraparnos y desorientarnos en la búsqueda de nuestros talentos.

3.8 La familia y la institución escolar formadora y reforzadora de valores

LOGRO 11. *Observo y practico los valores que se viven en familia y dentro de la institución escolar: respeto, autoestima, diálogo y responsabilidad, como valores de primer orden*

¿Quieres saber por qué los cuatro (4) valores en mención se han denominado como valores de primer orden? _____

Para que lo entiendas mejor, que sea mediante la siguiente pregunta:

¿Qué validez y reconocimiento tienen los demás valores y los derechos si no se practica el valor del respeto?

Sin poner en práctica el valor del respeto, carece de sentido y validez cualquier cosa que se escriba o se haya escrito sobre derechos, incluso los de reconocimiento universal como los Derechos Humanos, y de ello encuentras en cada persona un ejemplo.

¿Has escuchado que todos los seres humanos tienen derecho a la vida?

¿Qué sentido tiene para ti este derecho, si has visto morir violentamente o desaparecer a alguno de tus familiares, vecinos, conocidos o amigos?

¿Qué sentido tiene el valor de la tolerancia si no hemos aprendido antes a entender y a respetar las diferencias?

Sin el reconocimiento y respeto de la dignidad humana y del derecho a la igualdad y la diferencia como personas, ¿cómo fundamentar el valor de la autoestima y del diálogo como único medio civilizado para lograr la conciliación que garantice el respeto de la integridad física y moral de las personas en conflicto?

Si no respeto mis compromisos, si no cumplo mis promesas, si no asumo las consecuencias de mis actos, dándole sentido al valor de la responsabilidad, ¿cómo enseñar este valor a quienes deben aprender de mi ejemplo?

Realiza una nueva lectura del contenido previo de esta sección y define los valores de la lista siguiente con la ayuda que estimes conveniente.

Amistad

_____
_____
_____
_____

Amor

_____
_____
_____
_____

Confianza
_____
_____
_____

Bondad
_____
_____
_____

Ternura
_____
_____
_____

Generosidad
_____
_____
_____

Honestidad
_____
_____
_____
_____

Tolerancia
_____
_____
_____
_____

Identidad

_____
_____
_____

Igualdad

_____
_____
_____

Justicia

_____
_____
_____

Lealtad

_____
_____
_____

Libertad

_____
_____
_____

Convivencia

_____
_____
_____

Paciencia

_____
_____

_____
_____

Paz

_____
_____
_____

Prudencia

_____
_____
_____

Sabiduría

_____
_____
_____

Sinceridad

_____
_____
_____

Solidaridad

_____
_____
_____

Escribe al frente con qué valor o valores fundamentales (de primer orden) se relacionan o se validan los siguientes valores. Ejemplo: la amistad no puede validarse si no se fundamenta en el diálogo y respeto.

Amistad	Respeto y diálogo	Amor	_____
Confianza	_____	Bondad	_____
Ternura	_____	Generosidad	_____
Honestidad	_____	Tolerancia	_____
Identidad	_____	Igualdad	_____
Justicia	_____	Lealtad	_____
Libertad	_____	Convivencia	_____
Paciencia	_____	Paz	_____
Prudencia	_____	Sabiduría	_____
Sinceridad	_____	Solidaridad	_____

Consulta otros valores y cópialos a continuación, aunque no se relacionen con los cuatro valores fundamentales: respeto, autoestima, diálogo y responsabilidad.

_____
_____
_____
_____
_____
_____

¿Qué valores de los enunciados te gustaría cultivar y practicar?

_____
_____
_____

¿Crees que hay valores que podemos aprender sin el ejemplo? ___

Si tu respuesta es afirmativa, escribe cuáles.

_____
_____
_____

Según la frecuencia o número de veces que repetiste alguno de los valores en el ejercicio anterior, ¿Cuál fue el que más veces escribiste? _____

Según tu ejercicio, ¿cuál es el primordial de los valores? __
_____
Si hubo empate, ¿cuáles son los valores primordiales?
_____
_____
_____
_____

Justifica según tu criterio para qué sirven los valores que acabas de identificar como primordiales.
_____
_____
_____
_____

A pesar de que unos valores parezcan más importantes que otros, no olvides que los cuatro son fundamentales porque de ellos dependen la validez, el reconocimiento o la fundamentación de otros.

Recuerda que debes colaborar con tus padres y docentes para que te ayuden a formarte en valores, recordándoles con respeto y gratitud que deben darte un buen ejemplo. Recuerda que tú también debes dar buen ejemplo a tus hermanos y amigos menores si los tienes.

Reflexiona un poco y responde: ¿habrá valores que solo deban practicar los hombres y otros que deben practicar solo las mujeres? ____

Si tu respuesta es afirmativa, selecciónalos, escríbelos y somételos a la consideración de tus compañeros (as).

Escribe la conclusión a la que llegaste.
_____
_____
_____
_____
_____

También en el significado y práctica de los valores somos diferentes porque los apreciamos y practicamos según nuestro criterio e individualidad y no según nuestro sexo.

Practicar valores nos hace mejores personas y por lo tanto se facilita nuestra convivencia dentro de la familia, la institución escolar, la sociedad, y con una futura pareja si se llega a tener.

Una verdadera vida en pareja se fundamenta, además del respeto y la comprensión, en otros valores y talentos que cada quien pueda aportarle a ella.

Selecciona de la lista los seis valores que crees que debe practicar una pareja.

¿Qué valores te gustaría que se practicaran en tu familia?

La forma de practicar los valores, también cambia según las regiones y los países, pero hay algunos valores que son universales. Consúltalos.

3.9 Cada miembro de mi familia cumple un papel o rol dentro de la estructura familiar

LOGRO 12. *Asimilo que cada miembro de mi familia cumple un papel o rol dentro de la estructura familiar*

Los comportamientos y procesos de la naturaleza nos enseñan muchas cosas, como por ejemplo, la siguiente:

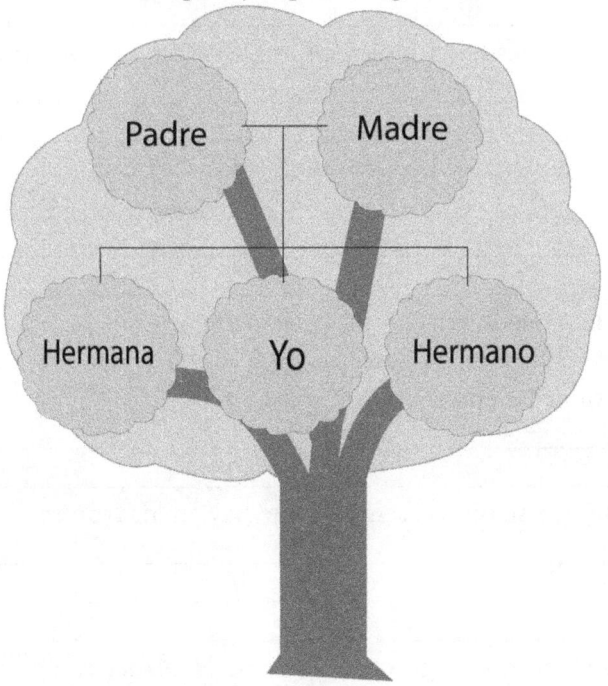

"Mi familia se parece a una planta o árbol"

La planta es una unidad, conformada por varias partes y cada parte cumple una función o tarea. La raíz busca el alimento debajo de la tierra, el tronco o tallo transporta el alimento y además sostiene las ramas y las hojas. Estas a su vez procesan la clorofila empleando la luz del sol y también producen el oxígeno que respiramos. La flor, si es hembra, trabaja para que su especie o familia de plantas no se mueran y por lo tanto realiza el proceso de la reproducción, con la ayuda del polen de la flor de otra planta macho de su misma especie. Del proceso de reproducción nace el fruto que contiene la semilla que dará vida a una nueva planta.

¿Qué ocurre si la raíz deja de cumplir su tarea? _____ _____

¿Qué pasa si el tallo no realiza la suya? _____ _____

Y si las hojas no cumplen con su función, ¿qué pasaría? _____

¿Si la flor deja de hacer su tarea, que ocurre? _____ _____

¿La flor puede realizar su tarea sola? ____
¿Qué ocurre si las flores no se fecundan y dan fruto en el proceso de la reproducción? _____

¿Para qué sirven las semillas que hay en los frutos? _____ _____

El trabajo que hace cada parte de la planta es necesario e importante para la vida de toda la planta.

Al igual que ocurre con la planta, ocurre con la familia. También es una unidad que se compone de varias partes y cada parte o miembro de la familia también tiene una tarea o función que cumplir.

Averigua quién o quiénes de los miembros de tu familia buscan los recursos necesarios para proveer el alimento y pagar otros gastos que tiene la familia.

_____

_____
Consulta así mismo quién o quiénes de los miembros de la familia se encargan de procesar los alimentos y de realizar otras tareas que permitan vivir de manera limpia, sana y organizada.

_____

_____
En la realización de las tareas que hay dentro del hogar, o casa donde vive la familia, todos sus miembros deben ayudar. ¿Cuál es la tarea con la que tú aportas y ayudas al bienestar de la familia?

_____

_____
Si aún no la tienes, elígela, cúmplela diariamente por un tiempo y luego rótala para desarrollar otras destrezas.

¿A quiénes en la familia les corresponde la tarea de la reproducción? _____

¿Cuáles son los frutos de la reproducción humana? _____

_____
¿Cuántos hijos debe tener cada pareja? _____

_____
El proceso de reproducción entre los humanos, al igual que entre las plantas y animales, busca perpetuar la especie para que no se acabe o desaparezca del planeta Tierra.

En el caso de las plantas, cada parte de ellas cumple la función que le asignó la propia naturaleza; en el caso de los humanos, elegimos las tareas según nuestros gustos, habilidades, talentos, destrezas, grado de madurez, conocimientos alcanzados, preferencias y oportunidades o simplemente según nuestro espíritu de colaboración, excepto la tarea de la _____ que le corresponde a _____ y a _____ y a otras personas adultas y responsables.

Si las partes de las plantas dejan de cumplir su función, la planta muere y su especie tiende a desaparecer; si los miembros de una familia dejan de cumplir sus tareas, todos sufren de hambre, desnutrición, desnudez, enfermedades y falta de amor, amor que nace de la unión de los miembros de la familia, del aporte que cada uno hace para lograr una vida mejor y de la práctica de valores como el respeto, el diálogo y la responsabilidad, garantizando armonía.

¡Viva mi familia y mi aporte a su bienestar!

Consulta cómo está organizada la familia de las hormigas, qué miembros la componen y las funciones que cumple cada integrante del hormiguero.

_____
_____
_____
_____
_____
_____
_____
_____
_____
_____
_____
_____

¿Hay algún miembro del hormiguero que no tenga funciones o tareas? Sí ____ No ____

¿Qué mensajes te deja esta consulta?
_____
_____
_____
_____
_____
_____

Mi familia es mi guía, mi apoyo y mi garantía de bienestar y por lo tanto yo también debo colaborar para el bienestar de todos.

3.10 La familia es la base de la sociedad

LOGRO 13. *Deduzco que la familia es la base de la sociedad porque nos prepara para vivir en ella, inculcándonos valores y enseñándonos deberes y derechos*

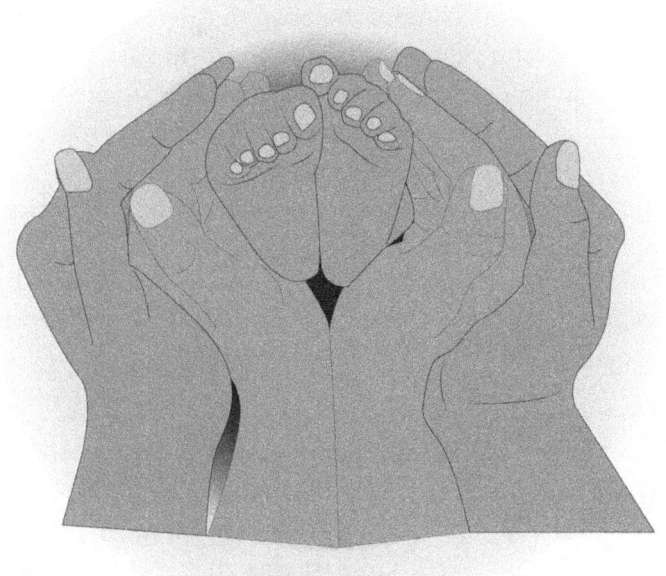

La semilla de la sociedad comienza a formarse cuando se establece una sociedad conyugal, por la "libre voluntad de un hombre y de una mujer de hacer vida marital, o sea vivir como pareja", ya sea por medio de la unión libre, el matrimonio civil o el religioso. Esto es lo que está consagrado por el momento en el derecho civil de varios países.[6] Queda entendido que para que la unión marital se convierta en F_____ debe dar frutos, esto es, deben darle el advenimiento a los H_____.

La semilla de la familia es la pareja porque dentro de cada uno de ellos está la mitad de la semilla de la vida, y la familia es la semilla de la sociedad.

La sociedad, tal como debemos interpretarla inicialmente para este aprendizaje, es la agrupación de varias familias o pueblos, de una misma región o territorio y su destino como colectividad, en términos de intereses comunes, progreso y armonía, está regido por leyes o pactos.

Yo pertenezco o soy miembro de la sociedad formada por la agrupación de familias del(la)

☐ Vereda   ☐ Asentamiento   ☐ Corregimiento   ☐ Localidad
☐ Barrio   ☐ Distrito   ☐ Delegación   ☐ Campamento
           ☐ Comuna   ☐ Sitio

Nombre: _____

Si todas las familias de una misma sociedad establecieran acuerdos para inculcar los mismos valores, algunos por lo menos, el resultado sería que todos los niños y niñas practicaríamos los mismos valores y lograríamos mayor entendimiento.

---

6   Consultarlo, porque varía de país a país y puede variar con el paso de tiempo por actualización de las leyes.

Las costumbres de una familia, bastante comunes a todas las familias de la comunidad, pueden convertirse en normas o pautas de comportamiento y posteriormente en leyes que deben cumplir los miembros de dicha sociedad, dentro de las cuales deben quedar pactados los deberes que cada miembro debe cumplir y los derechos a respetarle, según el rol o papel que cumpla dentro de la sociedad. Recuerda que hay derechos universales que deben respetársele a todos, no importa el rol ni el género, ni raza o condición socioeconómica.

Con la ayuda de un compañero o compañera, de ser posible del género opuesto, jueguen a desempeñar el rol de papá y mamá. Inviten a un tercer compañero, sin importar el género, para que desempeñe el rol de hijo y entre todos hagan el ejercicio de concertar normas que permitan vivir en armonía a la familia que acaban de formar. Esas normas deben contener los deberes y derechos para cada uno de los 3 miembros. Las normas concertadas también deben incluir tareas de participación en el bienestar del hogar y procurar su cumplimiento.

Deberes del padre	Derechos del padre
Deberes de la madre	Derechos de la madre
Deberes del hijo (a)	Derechos del hijo (a)

Tareas de participación del padre

Tareas de participación de la madre

Tareas de participación del hijo (a)

Si aprendemos a concertar nuestras tareas o deberes y a cumplirlos, aprenderemos a ser adultos responsables que saben respetar los derechos de los demás.

Consulta algunos deberes que se le atribuyen a la sociedad y si existen evidencias de que los cumplen.

_____
_____
_____
_____
_____
_____
_____
_____
_____

3.11 Las emociones son formas de expresión humana

LOGRO 14. *Aprendo a identificar mis emociones y a expresarme a través de ellas, pero también a controlarlas*

Cuando me invade una emoción, mi estado de consciencia cambia y mis comportamientos también.

Una emoción es una sensación agradable o desagradable que experimentas cuando te ocurre algo que no esperabas. El aparecimiento repentino de un animal que percibes peligroso, te causa sensación de temor. Esto puede inducirte a gritar y correr.

La entrega de un regalo que no esperabas te despierta una gran sensación de alegría que es la sensación que más se asemeja a la felicidad y por lo tanto la más positiva. Esta sensación puede impulsarte a dar un beso, un abrazo, entre otros gestos de gratitud o afecto o saltar según sea el impacto que te cause.

Si no apruebas un examen en el colegio, extravías el juguete que más quieres o pierdes a tu mascota, etc., te queda una sensación de tristeza o aflicción que te generará desánimo, silencio, llanto, preocupación y a veces gran angustia.

Si alguien te dice algo ofensivo se despierta una sensación de enojo o quizá de ira y hasta cólera si lo que te dijeron o hicieron te mortifica aún más. Esta sensación puede conducirte a devolver la agresión, a proferir insultos o a alejarte del lugar para evadir la situación y evitar peores consecuencias.

Todas las emociones tienen su parte positiva, pero también negativa y se caracterizan por ser pasajeras. Esto quiere decir que, pasada la situación o el momento, volvemos a nuestro ritmo normal de vida.

Expresa, mediante dibujos o frases, emociones que hayas experimentado recientemente.

| | |
| | |

_____

_____

¿Qué tiene de negativo sentir temor o miedo?

¿Qué tiene de bueno o positivo sentir temor o miedo?

¿Qué es lo inconveniente de la sensación de enfado o ira?

¿Qué es lo bueno de sentir enfado o ira?

¿Por qué?

Según lo planteado, ¿cuál es la más positiva de las emociones?

¿Qué tan conveniente o inconveniente es dejarnos arrastrar por las emociones?

¿Qué pasa si te dejas llevar por la alegría?

¿Qué pasa si te dejas dominar por el temor?

¿Qué ocurre si no aprendes a controlar la ira?

¿Qué ocurre si te dejas invadir por la tristeza?
_____
_____

Identificar nuestros estados emocionales, nos permite mantener cualquier situación bajo control.

Escribe el estado de ánimo más presente en ti en los días recientes: _____

Hoy estuviste muy _____ debido a que:
_____

Observa tu estado de ánimo en los cinco días siguientes y escríbelo, anotando la fecha y expresando la causa:

Hoy _____ estuve muy _____ debido a:
_____

Hoy _____ estuve muy _____ debido a:
_____

Hoy _____ estuve muy _____ debido a:
_____

Hoy _____ estuve muy _____ debido a:
_____

Hoy _____ estuve muy _____ debido a:
_____

Las emociones afectan por igual a niños y niñas, hombres y mujeres de cualquier edad. Las emociones pueden generar curiosidad e inducirnos a situaciones imprevistas que es mejor evitar si carecemos de una persona que nos garantice seguridad.

¿En qué casos que conozcas, una emoción puede despertar una curiosidad que te conduzca a resultados positivos?

_____
_____
_____

Escribe algún caso en el que una emoción te haya despertado una curiosidad con resultados negativos o inconvenientes.

_____
_____
_____
_____

¿Qué emociones con consecuencias negativas pueden afectar la vida en familia?

_____
_____
_____
_____

Como las emociones tienen su lado conveniente y su lado inconveniente, debemos aprender a conocerlas y a regularlas, especialmente cuando nos inducen a actuar de forma inapropiada e inconveniente.

Como soy responsable por las consecuencias de mis emociones, debo vigilarlas y aprender a ponerles límite.

Como las emociones son formas de expresión humana, es fundamental no reprimirlas porque el exceso de control puede ser tan inconveniente como el hecho de no regularlas.

3.12 Existen medios para despertar emociones y evocar sentimientos

LOGRO 15. *Descubro en los juegos, juguetes, cuentos, historietas y otros escritos, formas y medios para expresar emociones y sentimientos*

Un sentimiento puede tener origen en una emoción muy fuerte, pero se diferencia de ella porque el sentimiento perdura; la sensación de temor, de alegría, de ira y de tristeza, entre otras, puede quedarse dentro de nosotros y con la ayuda del recuerdo y de la imaginación, se puede revivir la escena, gratificante o dolorosa, en nuestro pensamiento, hasta convertirse en un sentimiento.

Supongamos que la niña que iba corriendo por el campo y se encontró una serpiente, iba sola y que la emoción o sensación de temor que le produjo la situación la dejó inmóvil, a tal punto, que solo un rato después se volvió para su casa olvidando la tarea encomendada. La niña no quiere volver a pasar sola por el mismo lugar, ve la serpiente frecuentemente entre sus recuerdos y hasta tiene pesadillas por ello. Una sensación de temor que le produjo una emoción fuerte, se ha transformado en una sensación de angustia que no la abandona.

Observa esta feria de juguetes y entretenciones:

1. Según lo visto en el escrito anterior, escribe qué sientes frente a cada juguete que llama tu atención, y clasifícalo según lo que experimentas, en un sentimiento o en una emoción.

_____ _____
_____ _____
_____ _____
_____ _____
_____ _____
_____ _____
_____

2. Recuerda los libros de cuentos que has leído. Trata de recordar alguno y escribe los sentimientos o emociones que encuentres expresados en él, por parte de los personajes que participan en la historia.

Libro	Sentimientos	Emociones
_____	_____	_____
_____	_____	_____
_____	_____	_____

3. Elabora una tarjeta o busca en el comercio alguna que te despierte algún sentimiento hacia alguien y escribe a quién se la regalarías.

   _____
   _____

4. Escribe uno o varios mensajes en los que quieras expresarle tus sentimientos a alguien.

   _____
   _____
   _____
   _____
   _____
   _____
   _____

5. Jugando, también expresamos emociones y sentimientos, ¿verdad? _____

6. Cuando ganamos hay alegría, que es: _____
   _____

7. Cuando perdemos hay tristeza o aflicción, que es: _____
   _____

8. Cuando jugamos y perdemos la recompensa que anhelábamos, la emoción o sensación de tristeza se convierte en: _____ porque: ___
   _____
   _____
   _____

Los sentimientos, al igual que las emociones, son propios y comunes a todos los seres humanos, son nuestra creación y de ellos también dependen las obras que hagamos después de experimentarlos.

¿Qué podemos crear o hacer cuando nos invade un sentimiento de culpa o arrepentimiento?

_____
_____
_____
_____
_____

Esta creación producto de un sentimiento puede enorgullecerte o hacerte sentir mal. Tú eliges entonces qué crear o hacer.

Supongamos que una persona emocionada por un regalo sorpresa que recibió, ha creado lo siguiente para enviar en señal o prueba de gratitud:
- Escribió: "Te envío infinitas gracias por la especial alegría que me diste con tu regalo".
- Elaboró una pequeña tarjeta y transcribió el mensaje con mucho cuidado y lo envió.

¿Cuántas creaciones hizo la persona emocionada?

_____

¿Cómo evalúas y calificas estas creaciones? _____
_____
¿Por qué?
_____
_____
¿Qué hubieras creado tú?
_____
_____

Nuestras creaciones u obras son: nuestros pensamientos, palabras, emociones, sentimientos y las acciones que ejecutemos derivadas de ellas.

Respetar los sentimientos ajenos es fundamental para una sana convivencia y aprender a expresar nuestros sentimientos y emociones es esencial para nuestra salud mental.

Reconociendo los valores, talentos, emociones, sentimientos y comportamientos que me hacen diferente, aprendo a reconocer, entender y respetar las diferencias ajenas, y por lo tanto a convivir mejor.

Interiorizar el valor de la tolerancia a través del ejemplo de los padres y docentes, será determinante en la vida social y en una futura relación de pareja, si se llega a optar por ella.

3.13 Evaluación del taller

LOGRO 16. *Evalúo mis avances en el área, realizando la sopa de letras propuesta*

Determina la palabra que corresponde o completa cada enunciado propuesto en este logro y búscala en la sopa de letras

```
R S N H S X B S Q R H P Q I H I T A E D S I E B N N
V P D Q I E F U T S S E D Y D O S K K O E Z I L L B
T W N Z F H D A L E G R Í A E K N S H V S L R N K M
J K L Z B A E A A N B T Z V B M G C M B X E Z Y V W
Y N J K M Q X G D T C U U N E Y E K R Z M G L S N J
N J U K P I M I I I B R Y R R R W R B S W T V F G
K Y W A C Z S X J M L B X H E C I R X V S C R W S E
X M J X C O A I L I M A F D S J R D I O O G W U W P
O L E J V W E P O E S D I B P Q P A R E J A Y Y O Z
G R L P S A I Q A N U O R C O Q N T S Z I U A L R E
V B X H K O M C D T Z R L H N G S N L U H O V Y W M
Z R B J V B V I N O O E T Z S E O U X W Z W T K K N
P A D R E S P E T O P S O B A W T L T C C F X S B O
N D X J J Z V A D S R R Y M B T D O Á E O X H E E Z
Y M G C E U M P Q G E N E T I C A V P I F L N G T X
W H C Q J R G K P N U O J I L A D I V R D X Ó U V Q
G J R W E Q L A E R C R T F I K L C C T Q G V T J K
E Q G P M R Q G R A T I T U D L I T D N F Z U U N L
Z E S Q P E X L B T X A P O A O M D N B E L L E Z A
K E K U L Y F M Q G F U L D D F U R J Q F R O H J N
J Q T O O F H D H P L M O E I O H L G K T Y E R N Y
T K R B B L E K V A R X F U N Q S Q E K K W V H V X
N F H Q H Q P F G Y Z P B Y G T D K R F P F V Y W A
Z J F N E C Q G E S D P N Ó I C O M E D S H N E B G
O P D R D E S H G N W K S Y D N Q S P T M B C S U F
```

1. Es la herencia de los genes de nuestros padres

__ __ __ __ __ __ __ __

2. Contiene los genes de la madre

   __ __ __ __ __

3. Contiene los genes del padre

   __ __ __ __ __ __ __ __ __ __ __ __ __ __

4. Valor que debo practicar por no haberme auto creado

   __ __ __ __ __ __ __ __

5. Valor que debo practicar porque todo lo recibí sin dar nada

   __ __ __ __ __ __ __ __

6. Relativo a comportamientos que debo modificar

   __ __ __ __ __ __ __ __ __ __ __ __ __

7. Es el don que debo cuidar y proteger

   __ __ __ __ __ __

8. Para conservarla, debo cuidar y proteger mi cuerpo

   __ __ __ __

9. En ella radica nuestra mayor igualdad

   __ __ __ __ __ __ __ __

10. En ella radica nuestra mayor diferencia física

    __ __ __ __ __ __ __ __

11. Acaba con el paso del tiempo

    __ __ __ __ __ __ __ __

12. Es relativa a los diferentes gustos

    __ __ __ __ __ __ __

13. Evita las caries y el mal aliento

    __ __ __ __ __ __ __ __ __

14. Evitan la entrada de microbios por mis pies

    __ __ __ __ __ __ __

15. Ayuda a mi normal crecimiento y desarrollo

__ __ __ __ __

16. Fuerza interna que potencia mis metas

__ __ __ __ __ __ __ __

17. Dones que facilitan el cumplimiento de mis metas

__ __ __ __ __ __ __ __

18. Nos ayudan a descubrir nuestras potencialidades

__ __ __ __ __ __ __ __

19. Es equivalente a talentos

__ __ __ __ __ __ __ __ __ __ __ __ __ __ __

20. Puedo encontrarla si desarrollo mis talentos

__ __ __ __ __ __

21. Valor que le da validez a los derechos

__ __ __ __ __ __

22. Se construye reconociendo y respetando las diferencias

__ __ __ __ __ __ __ __ __ __

23. Medio civilizado para lograr la concertación

__ __ __ __ __ __

24. Valor que representa mi cumplimiento de deberes

__ __ __ __ __ __ __ __ __ __ __ __ __ __ __

25. Es la forma como aprendo valores

__ __ __ __ __ __

26. No tiene nada que ver con los valores que vivimos

__ __ __ __ __ __

27. Le corresponde la tarea reproductiva en las plantas

__ __ __ __

28. Deben participar en las labores del hogar

   __ __ __ __ __

29. Les corresponde la tarea de la reproducción

   __ __ __ __ __ __

30. Son los frutos de la reproducción humana

   __ __ __ __ __

31. Es la base de la familia

   __ __ __ __ __ __

32. Es la base de la sociedad

   __ __ __ __ __ __ __

33. Se deben respetar en la familia

   __ __ __ __ __ __ __ __

34. Nos los exigen los derechos

   __ __ __ __ __ __ __

35. Te hace cambiar de estado de ánimo

   __ __ __ __ __ __ __

36. La emoción que más se parece a la felicidad

   __ __ __ __ __ __ __

37. Responsable de controlar mis emociones

   __ __

38. Sensación agradable o desagradable que perdura en el tiempo

   __ __ __ __ __ __ __ __ __ __ __

3.14 Lectura final

Queridos amiguitos y amiguitas:
 Reciban mi tierno y fraternal saludo. Quiero compartirles mis experiencias, muy gratas por cierto, luego de haber culmi-

nado mis tareas del taller grado 2, cuya meta era entender qué es la tolerancia, para luego practicarla.

Lo primero que aprendí es que los seres humanos nos parecemos mucho a las piedras preciosas. Ellas son todas importantes y valiosas aunque están hechas de distintos componentes, son de diversos tamaños y colores, y proceden de diversas regiones del planeta, al igual que nosotros y nosotras. Muchas de ellas, como los diamantes negros, el ónice, la calcedonia amarilla, marrón y café, la ojo de tigre amarillo dorada, los cuarzos blancos rosa, las perlas, las amatistas amarillas, las turquesas, esmeraldas y rubíes, tienen los colores de nuestra piel, dientes labios, ojos y cabellos.

¿Cuánta variedad de piedras preciosas y cuántos rasgos preciosos de la individualidad humana, representados en ellas?

También nos parecemos a la variedad de flores de un precioso e inmenso jardín, todas de diferentes colores, grandes, medianas, pequeñas e incluso diminutas; ellas son todas hermosas y valiosas porque nacen y crecen airosas, empujadas por la mano invisible del Creador, quien a todas ama porque son sus obras. Mas nosotros los seres humanos, somos el más hermoso jardín de espíritus celestes, ocultos tras las pieles con los colores que ostentan las piedras preciosas y las flores que, habiendo brotado de la mente y del corazón del Creador, recibimos inteligencia, voluntad y amor, para que entendiendo el origen de nuestra igualdad en la dignidad, y la causa de nuestras diferencias, las respetemos y aprendamos a vivir en armonía como Él quiere.

Si entendemos y valoramos que con las diferencias no perdemos dignidad, y que por el contrario, nos hacemos únicos, podremos respetarnos y así seremos tolerantes.

La tolerancia o respeto por las diferencias, aunque suele confundirse con la paciencia, son dos valores diferentes, pero pueden complementarse.

Entiendo la causa de las diferencias, luego valoro y respeto la individualidad de los demás.

Cuida y guarda este taller porque te será útil para afianzar ideas en tu grado 3 y como material de consulta en otros momentos, especialmente en el grado 10.

El éxito depende de tu autoestima y motivación. Te deseo muchos, pero muchos éxitos en tu siguiente grado.

¡Felicitaciones!

ÍNDICE

Requerimientos para iniciar este taller	7
Justificación taller grado 2	13
Malla curricular	17
Logros	21
Metodología	25
Procedimiento	29
Evaluación	33
1. Mensajes a los estudiantes	35
1.1 Carta a los estudiantes	37
1.2 Mi quehacer como hijo, estudiante y ciudadano	45
2. Refuerzo taller no. 1	49
3. Reconozco y respeto las diferencias	61

3.1 La tolerancia se fundamenta
    en el respeto a las diferencias   63

3.2 Identifico igualdades y diferencias   69

3.3 La juventud y la belleza son relativas y pasajeras   73

3.4 Cuidar el cuerpo es vital
    para la salud y la autoestima   77

3.5 Reconozco el valor de mi cuerpo   83

3.6 Valorando mi cuerpo, aprendo a valorar
    y respetar el cuerpo de los demás   87

3.7 Mi quehacer en el mundo depende
    en gran parte de mí mismo (a)   91

3.8 La familia y la institución escolar formadora
    y reforzadora de valores   97

3.9 Cada miembro de mi familia cumple
    un papel o rol dentro de la estructura familiar   105

3.10 La familia es la base de la sociedad   111

3.11 Las emociones son formas
    de expresión humana   117

3.12 Existen medios para despertar emociones
    y evocar sentimientos   123

3.13 Evaluación del taller   129

3.14 Lectura final   133

Editorial LibrosEnRed

LibrosEnRed es la Editorial Digital más completa en idioma español. Desde junio de 2000 trabajamos en la edición y venta de libros digitales e impresos bajo demanda.

Nuestra misión es facilitar a todos los autores la edición de sus obras y ofrecer a los lectores acceso rápido y económico a libros de todo tipo.

Editamos novelas, cuentos, poesías, tesis, investigaciones, manuales, monografías y toda variedad de contenidos. Brindamos la posibilidad de comercializar las obras desde Internet para millones de potenciales lectores. De este modo, intentamos fortalecer la difusión de los autores que escriben en español.

Ingrese a www.librosenred.com y conozca nuestro catálogo, compuesto por cientos de títulos clásicos y de autores contemporáneos.

www.ingramcontent.com/pod-product-compliance
Lightning Source LLC
Chambersburg PA
CBHW031316150426
43191CB00005B/258